LA FRANCE

DRAMATIQUE

AU DIX-NEUVIÈME SIÈCLE,

Choix de Pièces Modernes.

Palais-Royal.

BIRIBI LE MAZOURKISTE,

VAUDEVILLE EN UN ACTE.

938—939.

PARIS.

C. TRESSE, ÉDITEUR,

ACQUÉREUR DES FONDS DE J.-N. BARBA ET V. BEZOU,

SEUL PROPRIÉTAIRE DE LA FRANCE DRAMATIQUE,

PALAIS-ROYAL, GALERIE DE CHARTRES, Nos 2 ET 3,

Derrière le Théâtre-Français.

1845.

BIRIBI LE MAZOURKISTE

VAUDEVILLE EN UN ACTE,

PAR MM. DU MERSAN ET DE LEUVEN.

Représenté pour la première fois, à Paris, sur le théâtre du Palais-Royal, le 2 février 1845.

DISTRIBUTION DE LA PIÈCE.

OLIBRIUS, professeur de danse	MM.	LEMÉNIL.
BIRIBI, son neveu		LEVASSOR.
POCHETTE, son prévôt		LACOURIÈRE.
LE BARON MARFORIO		L'HÉRITIER.
LA BARONNE, sa femme	Mmes	DUPUIS.
CÉLÉNIE, fille d'Olibrius		JULIETTE.
UN SOLDAT	M.	MASSON.

ELÈVES D'OLIBRIUS. — SOLDATS. — DOMESTIQUES.

La scène se passe en Valachie.

Un salon. — Portes au fond et latérales. — Un grand buffet, à gauche, premier plan. — Une croisée à droite, au deuxième plan.

SCÈNE I.

POCHETTE, CÉLÉNIE.*

CÉLÉNIE, courant après Pochette — Ils entrent par le fond.

Arrêtez !... arrêtez donc, monsieur Pochette...

(Elle le saisit par ses vêtemens.)

POCHETTE.

Lâchez ma poche, mamselle Célénie, ou je laisse mon paletot entre vos mains... comme feu Joseph chez Putiphar.

CÉLÉNIE.

Mon petit Pochette !...

POCHETTE.

Mais enfin qu'exigez-vous, que demandez-vous, que voulez-vous, jeune folle ?

CÉLÉNIE.

Je veux, mon aimable petit Pochette, que vous me jouiez, sur cet instrument dont vous grattez si bien, une gavotte, une valse, un galop, une polka... quelque chose de vif, d'entraînant... quelque chose qui me dégourdisse les jambes.

POCHETTE.

Vous êtes, parbleu! bien assez dégourdie comme ça !

* Pochette, Célénie.

CÉLÉNIE.

Du tout ! je meurs d'inaction !

POCHETTE.

AIR : J'ai vu le Parnasse, etc.

En cédant à votre prière,
Mademoiselle, j'aurais peur
De m'exposer à la colère
De mon illustre professeur...
Craignant les folles équipées,
Il n'aime que le menuet...
Il abhorre les échappées...
Jugez si sa fille en faisait !

CÉLÉNIE.

Monsieur Pochette, vous êtes le Tartufe de la danse...Ah ! si mon cousin Biribi était ici !... s'il nous avait suivis dans ce maussade pays où mon père est venu s'implanter... il me ferait danser tout ce que je voudrais, lui!

POCHETTE.

Oui, ça serait du propre !

CÉLÉNIE.

Où est-il à présent, mon pauvre cousin Biribi ? lui, le roi de la Chaumière, l'autocrate du Prado !... Pauvre Biribi !

SCÈNE II.

LES MÊMES, OLIBRIUS.*

OLIBRIUS, entrant par le fond.

Biribi ! qui est-ce qui a dit Biribi ?

POCHETTE.

Ce n'est pas moi !

OLIBRIUS.

Qui donc a osé prononcer dans ces lieux artistiques les mots prohibés qui viennent de frapper mes oreilles pudibondes ?... Prado ! Biribi !... Fille imprudente !... tu veux donc déshonorer les cheveux rares et poudrés de ton auteur ?

CÉLÉNIE.

En parlant de mon cousin Biribi ?

OLIBRIUS.

Encore !... mais, malheureuse enfant, faut-il donc te rappeler mes antécédens ?... Élevé à la grande école des Vestris et des Gardel, sous ces maîtres célèbres je fis mes premiers pas... D'écolier je devins professeur, et je professais les grâces et les belles manières dans un pensionnat de la capitale, où l'on dressait un jeune prince valachien que ses hauts parens voulaient faire élever à la française... Mon disciple, ayant eu l'avantage de les perdre, fut appelé à monter sur le trône de la Valachie, en qualité d'hospodar...

POCHETTE.

Oh ! hospodar ! en voilà un drôle d'intitulé !... Qu'est-ce que c'est que ces gens-là ? Pourquoi les appelle-t-on comme ça ?

OLIBRIUS.

Généralement on leur donne ce nom parce qu'ils en remplissent les fonctions... Ce fut alors que le mien me proposa de me transvaser dans ses états, en qualité de maître des ballets... Voilà comment la chose s'emmancha... Je suis donc venu enseigner la haute chorégraphie à la cour de Son Altesse, et j'y fais fleurir le menuet, la chaconne, la courante... car il ne faut pas se relâcher des bons principes.

POCHETTE.

Eh bien ! après ?

CÉLÉNIE.

Oui, au fait, qu'est-ce que ça prouve contre mon cousin ?

OLIBRIUS.

Comment, qu'est-ce que ça prouve ?... C'est à un homme de mon acabit que vous osez parler de ce Biribi, qui ravale sa parenté par les danses les plus démagogiques ?...

AIR : Un page aimait la jeune Adèle.

A tous les bals il fait des siennes ;
De ce danseur décolleté
Les figures saint-simoniennes
Scandalisent l'autorité !...
Dans sa danse point d'orthographe !...
Quand il fait ses évolutions,
On croirait voir le télégraphe
Annonçant trois révolutions.

POCHETTE.

On dit qu'il n'y en a pas deux comme ce brigand-là pour vous ciseler un cavalier seul en avant. (Il fait quelques pas de danse.)

OLIBRIUS, furieux, lui donnant un coup de pied.

Pochette !...

POCHETTE.

Aïe !... Monsieur, vous me manquez !

OLIBRIUS.

Ce n'était pas mon intention.

(Il lui en donne un autre.)

POCHETTE, s'éloignant.

Aïe !...

OLIBRIUS.

Mais laissons ce sujet déplorable ; et vaquons à d'autres soins... L'hospodar vient de me faire dire par un de ses muets... (Mouvement de Pochette.) oui, par un de ses muets, qu'il y avait aujourd'hui bal au palais... et je veux délibérer avec mon prévôt pour savoir quel pas ancien nous inventerons... L'hospodar est un prince très débonnaire, mais il ne faut pas balancer avec lui, car il conserve admirablement la tradition du knout et de la bastonnade.

SCÈNE III.

LES MÊMES, LE BARON et LA BARONNE, précédés d'UN LAQUAIS.

LE LAQUAIS, annonçant.

Monsieur le baron et madame la baronne Marforio.

OLIBRIUS.

L'illustrissime chef de la police valachienne et sa charmante épouse... Faites entrer... (Allant à leur rencontre.) Monsieur et madame la baronne...

LE BARON.*

Bonjour, mon cher chorégraphe.

LA BARONNE.

Bonjour, Olibrius, bonjour.

OLIBRIUS.

Qu'est-ce qui me procure l'honneur de votre visite ? (A Célénie.) Allons, ma fille, faites donc la

* Pochette, Olibrius, Célénie.

* Pochette, le baron, la baronne, Olibrius, Célénie.

révérence, une grande révérence... telle que la méritent M. le baron, et surtout Mme la baronne, qui est la fleur de la Valachie.

LE BARON.

Non... mon épouse n'est pas du crû... c'est une exportation française.

OLIBRIUS.

Madame est Française!... j'aurais dû m'en douter aux trois couleurs... le blanc de son col, le rouge de ses lèvres et le bleu de ses yeux...

POCHETTE, à part

Elle les a noirs... mais c'est égal.

LA BARONNE.

Vous êtes fort galant, monsieur le maître de danse.

LE BARON.

Je suis nouvellement marié avec cette jeune étrangère, que je dois, aujourd'hui même, présenter à la cour de notre gracieux hospodar... et je viens vous prier de nous montrer les trois révérences d'étiquette...

OLIBRIUS.

Madame ne les connaît pas?

LA BARONNE.

Non, mon cher; j'ai été élevée dans un pensionnat... de demoiselles... où l'on n'apprenait pas ces sortes de choses... je ne l'ai quitté que pour venir dans ce pays.

LE BARON.

J'ai eu le bonheur de rencontrer madame au bureau des passeports... elle avait perdu le sien... mais ses larmes allumèrent en moi le feu de l'amour, et, comme notre prince raffole de tout ce qui vient de France, je ne crus pouvoir mieux lui faire ma cour qu'en épousant une Française... et qui plus est, une Parisienne.

OLIBRIUS.

C'est d'un fin courtisan.

LE BARON.

Plaît-il?

OLIBRIUS.

Courtisan est un mot français qui veut dire grand seigneur.

LE BARON.

Ah! fort bien!... je suis un courtisan, et ma femme est une...

OLIBRIUS, vivement.

Non!.. non!... ce mot n'a pas de féminin dans la bonne société.

LE BARON.

Je vous disais donc que j'épousai madame ci-présente, que j'adore, qui est la vertu même... mais dont je suis prodigieusement jaloux! jaloux comme un pacha. Je vous avouerai même, à ce sujet, que je regrette fort l'ancien usage qui voulait que toutes nos femmes fussent voilées; mais l'hospodar a aboli cette coutume.

LA BARONNE.

Heureusement!

LE BARON.

Malheureusement! car, pas plus tard qu'hier, un étranger, de fort mauvaise mine, s'est permis d'en faire à mon épouse.

LA BARONNE.

Je vous assure, monsieur le baron, que je ne l'ai pas remarqué.

LE BARON.

Je l'ai remarqué, moi... et j'ai donné ordre à deux de mes estafiers de le suivre... Le soir, j'ai revu mon individu au Casino, où je faisais ma ronde pour voir si l'on n'y parlait pas politique... On dansait, et le drôle s'y permettait des danses qui m'ont paru très inconvenantes, et des pas fort scandaleux... Je suis sorti, en ordonnant à mes estafiers de l'appréhender... mais ils l'ont manqué.

OLIBRIUS.

C'est fâcheux!

LE BARON.

Oui, mais il ne perdra rien pour attendre... et quand on l'attrapera...

(Il fait le geste de bâtonner.)

LA BARONNE.

Et ce sera bien fait!... Un mal appris, qui se permet de danser des choses incongrues... Ah! fi!

LE BARON.

Pauvre chaste chatte!... Mais, pour le moment, ne nous occupons que de ce qui nous amène, et montrez-nous bien vite les révérences dont nous avons besoin.

OLIBRIUS.

Vous ne pouviez mieux vous adresser... j'en possède toute la théorie.

AIR: J'en guette un petit, etc.

Le salut et la révérence,
Doivent se calculer toujours;
Ils ont une grande importance,
C'est le thermomètre des cours.
Un grand seigneur, faisant le bon apôtre,
Rend sa courbette à l'humble courtisan;
Et l'on se dit, en les voyant:
Ils sont aussi bas l'un que l'autre.

LE BARON.

Commençons.

OLIBRIUS.

Holà! hé! mon prévôt!

POCHETTE.

Présent!

OLIBRIUS.

Vite, ta pochette en main... l'introduction du menuet.. et appuyons sur la chanterelle... (Pochette exécute les premières mesures du menuet, et Célénie se met en position avec Olibrius.) Première révérence... Vous dégagez le pied droit, vous rapprochez les talons l'un contre l'autre... Le cavalier salue, le corps en avant, et la dame ploie les jarrets en redressant le buste. (Il exécute la révérence avec Célénie.) Seconde révérence : Vous avancez trois pas.. et le reste comme ci-dessus.. Troisième et dernière révérence... encore trois pas, et vous baissez la tête jusqu'à la hauteur des genoux du prince... Quant à la dame, elle ne baisse pas la tête.

LE BARON, qui s'est avancé en saluant.

Je comprends parfaitement.... mais, quand j'aurai fait six pas en avant, si je me trouve nez à nez avec le prince, comme je suis là devant vous... je n'aurai pas de place pour me baisser...

OLIBRIUS, se retournant.

Vous attendrez que Son Altesse se soit retournée.

LE BARON.

Alors, je saluerai...

POCHETTE.

Son dos.

SCÈNE IV.

LES MÊMES, UN VALET.

LE VALET, présentant une grande lettre.

OLIBRIUS.

Donnez... Vous permettez, monsieur le baron ?

LE BARON.

Une lettre du prince!... Je ne permets pas, j'ordonne.

OLIBRIUS, lisant.

« Sieur Olibrius, celle-ci est pour vous faire » savoir que ce soir, au bal de la cour, je désire » faire à mes invités la galanterie d'une mazour- » ka...

TOUS.

Une mazourka !

LE BARON.

Qu'est-ce que c'est que ça ?... un rafraichissement ?

POCHETTE, à part.

Oh!... est-il bête!

OLIBRIUS.

Non, monsieur le baron, la mazourka est une danse polonaise...

POCHETTE.

Inventée en Hongrie.

LE BARON.

Ah ! fort bien... Cette auguste fantaisie de Son Altesse va vous amener des pratiques, mon cher Olibrius, car, pour faire sa cour au maître, ce sera à qui dansera le premier ce nouveau pas.

LA BARONNE, à part.

J'espère bien que ce sera moi.

LE BARON, à Olibrius.

Je vous laisse à vos occupations chorégraphiques, et je vais aux miennes... Quand il y a bal à la cour, le chef de la police a autant de besogne que le maître de danse.

LA BARONNE, bas, à Olibrius.

Je reviendrai tantôt pour prendre mystérieusement une leçon de mazourka.

OLIBRIUS.

De mazourka !...

LA BARONNE, de même.

Chut !

LE BARON.

Venez, madame la baronne.

OLIBRIUS.

Célénie, reconduisez monsieur et madame jusqu'au bas de l'escalier.

ENSEMBLE.

AIR du Roi d'Yvetot.

Quel agrément
Ce soir nous attend
A cette fête !
Pour mes/vos attraits
Le plus grand succès
Ce soir s'apprête.
Quel plaisir (*bis.*)
Ce beau bal va nous/vous offrir!

(Ils sortent.)

SCÈNE V.

OLIBRIUS, POCHETTE. *

OLIBRIUS.

A nous deux, maintenant!... Chaud! chaud! mon ami Pochette!... il ne s'agit pas de rester les jambes croisées... Ils ne savent pas plus que moi ce que c'est qu'une mazourka... il faut gagner notre argent et leur en tripoter une avec un salmis de gavotte et de sauteuse, entrelardées d'un peu de fricassée...

POCHETTE.

Nous leur y mettrons une miette de monaco... un sou de monaco, bah !

OLIBRIUS.

Voyons le reste de l'épître du prince. (Il lit.) Hum... hum... Ah! grand Dieu!... je n'avais pas vu ça !...

POCHETTE.

Vous aviez sauté quelque chose ?

OLIBRIUS.

Voilà de quoi sauter en l'air!

POCHETTE.

Eh bien! nous sauterons, c'est notre métier.

* Pochette, Olibrius.

OLIBRIUS.

Lis... lis...

POCHETTE.

Comment! Lili?

OLIBRIUS.

Lis, malheureux!... et vois dans quel précipice nous trébuchons!...

POCHETTE, lisant.

« Le bal que je donne est à l'intention du grand » palatin Sandomir Blagouwski, mon gendre » futur, qui raffole de sa danse nationale et qui est » lui-même un très fort mazourkiste!... Vous sentez qu'il est de ma haute politique de flatter un » gendre en le caressant par les us et coutumes » de sa noble patrie... Sur ce, vous connaissez, » mon cher professeur, toute mon affection pour » vous... Aussi, si je n'étais pas obéi au doigt et à » l'œil, je vous laisserais le choix entre le knout » et la bastonnade sous la plante des pieds... *ad* » *libitum.* »

OLIBRIUS.

Toujours le knout et la bastonnade! voilà son code...

POCHETTE.

Ce n'est pas un code civil.

OLIBRIUS.

Pochette!

POCHETTE.

Mon maître?

OLIBRIUS.

As-tu jamais vu danser la mazourka?

POCHETTE.

De ma vie ni de mes jours.

OLIBRIUS.

Tu ne la connais pas?

POCHETTE.

Pas plus que le bas-breton.

OLIBRIUS.

Que faire?

POCHETTE.

Tendre le dos...

OLIBRIUS.

C'est dur!

POCHETTE.

Ou jouer des jambes...

OLIBRIUS.

Les miennes fléchissent!

POCHETTE.

Si elles pouvaient fléchir ce brigand d'autocrate!

OLIBRIUS.

Un coq-à-l'âne!... voilà tout ce que tu trouves, misérable!

POCHETTE.

Pas autre chose.

OLIBRIUS, s'animant.

Quand je te demande la mazourka, quand tu devrais me fournir la mazourka!... Pochette! tu es une canaille!

POCHETTE.

Le mot est hasardé!

OLIBRIUS.

J'ai envie de t'étrangler, Pochette.

(Il le prend au collet.)

POCHETTE.

Au secours!...

SCÈNE VI.

LES MÊMES, CÉLÉNIE. *

ENSEMBLE.

CÉLÉNIE.

AIR de la Nuit au sérail.

Pourquoi ces cris, et ce tapage?
Qui peut donc causer sa fureur?
N'excitez pas ainsi sa rage,
Car il ferait quelque malheur!

OLIBRIUS.

Sur moi je vois grossir l'orage,
Et du knout j'ai grande frayeur.
J'envoie au diable, dans ma rage,
Cette mazourka de malheur!

POCHETTE.

Pourquoi ces cris et ce tapage?
Calmez, calmez cette fureur!...
Mamsell' sauvez-moi de sa rage,
Car il ferait quelque malheur!

CÉLÉNIE.

Mon papa, calmez-vous!

OLIBRIUS.

Que je me calme!... Mais ma position est bête!... La mazourka, le knout, la bastonnade!... Je vais me jeter dans le Danube! *

POCHETTE.

Il est gelé!

OLIBRIUS.

Je l'espère bien... sans ça, je me noierais... (A Pochette.) Adieu, imbécile, brute, butor, bon à rien!... tu seras cause de mon décès!

CÉLÉNIE.

Pochette, ne le quittez pas!

OLIBRIUS, au fond.

Tu peux aller commander mes obsèques.

(Il sort par le fond, Pochette le suit.)

SCÈNE VII.

CÉLÉNIE, seule.

Mon pauvre père... il prend tout au tragique!... Heureusement, ça ne dure pas... Le grand air va

* Pochette, Célénie, Olibrius.

le calmer... (*Regardant autour d'elle.*) Me voilà seule, tant mieux... car, tout à l'heure, j'ai aperçu par la fenêtre une chose qui marchait, qui me regardait et qui me faisait des gestes... Si nous n'étions pas à cinq cents lieues de la rue Brisemiche, je croirais que cette silhouette était celle de mon cousin Biribi.

SCÈNE VIII.

CÉLÉNIE, BIRIBI *, paraissant à la fenêtre (sa mise est excentrique).

BIRIBI, debout sur la croisée.

Voilà le Biribi demandé!

CÉLÉNIE, jetant un cri.

Ah!

BIRIBI, descendant.

Ce cri me va droit au cœur!

CÉLÉNIE.

Toi?

BIRIBI.

Moi!

CÉLÉNIE.

Vrai?

BIRIBI.

Oui.

CÉLÉNIE.

AIR des Quatre fils Aymon. (Tu sais la Recette.)

Au pays valaque,
Quoi! je te revois!...

BIRIBI.

J'accours comme un braque,
Fidèle à ta voix...
L'amour me ramène,
O mon cher trésor!
Je viens à ta chaîne
M'attacher encor!
Dis ici
Que je suis ton chéri,
Ton ami,
Ton bibi,
Biribi!

ENSEMBLE.

Dis ici, etc.

CÉLÉNIE.

Oui, toujours, tu seras mon ami,
Mon chéri,
Mon bibi,
Biribi!

CÉLÉNIE.

Quoi! vraiment, Biribi, tu n'es pas un jeu de mon imagination?

BIRIBI.

C'est bien moi... en chair et en os.

CÉLÉNIE.

En os... oui... Comme tu es maigri!

BIRIBI.

Les chagrins, les voyages, la diète... Je viens de celle de Varsovie.

CÉLÉNIE.

Mais, pourquoi donc as-tu passé par la fenêtre?

BIRIBI.

Parce que je ne voulais pas parler au portier, vu que je suis très traqué par des espèces de sicaires, de cerbères, de janissaires, qui ont un permis de chasse et qui me poursuivent comme un gibier non prohibé.

CÉLÉNIE.

Que veux-tu dire?

BIRIBI.

Que les soldats valachiens sont à mes trousses... Chut!... je les entends!... Serre-moi quelque part!...

CÉLÉNIE.

Où veux-tu que je te serre?

BIRIBI.

Dans tes bras, d'abord... et puis, après, où tu voudras... où tu pourras... dans cette armoire! *

CÉLÉNIE.

C'est un buffet... il n'y a rien...

BIRIBI.

Si je m'y mets, il n'y aura pas gras.

SCÈNE IX.

LES MÊMES, POCHETTE. **

POCHETTE, accourant.

Mamselle Célénie!... il y a des soldats en bas... on cherche un voleur!

CÉLÉNIE.

Taisez-vous!

BIRIBI.

Qu'est-ce que c'est que ça?

CÉLÉNIE.

C'est Pochette.

BIRIBI.

Pochette!... Bravo!... Sa pelure vient à point pour déguiser mes épaules.

POCHETTE.

Hein?... plaît-il?

BIRIBI, lui prenant son paletot et sa casquette.

Vilain arbuste, donne-moi ton écorce!

POCHETTE.

Il me dépouille!... c'est le voleur qu'on cherche!

* Célénie, Biribi.

* Biribi, Célénie.
** Biribi, Pochette, Célénie.

CÉLÉNIE, près de la porte.

J'entends du bruit... on monte!

BIRIBI, poussant Pochette dans le buffet.*

Toi, entre là!... et si tu profères un monosyllabe, je consomme un homicide!

POCHETTE.

Moi, dans le buffet!...

BIRIBI, fermant la porte.

Il n'y avait rien... il y aura un plat. (A Célénie.) A nous deux maintenant... Donne-moi la pochette de Pochette... mets-toi en attitude, et prends ta leçon de danse... En avant les ronds de jambe!

(Célénie se place, Biribi, qui a mis le paletot et la casquette, est devant elle et tourne le dos aux personnages qui entrent.)

SCENE X.

LES MÊMES, OLIBRIUS, SOLDATS.**

CHŒUR.

AIR : du duc d'Olonne.

Cherchons le coupable!
Et marchons au pas...
Qu'au knout redoutable
Il n'échappe pas!
Cherchons, cherchons...

OLIBRIUS, les arrêtant.

Ah! assez de cherchons comme ça!... Je vous assure, force armée, que ce que vous cherchez n'est point ici... Personne n'est entré... puisque j'étais sur le pas de ma porte... Tenez, voilà ma fille qui prend sa leçon de danse avec mon prévôt...

LE CHEF DES SOLDATS.

Le quidam que nous cherchons a disparu près de cette maison... et nous exécutons les ordres de monseigneur le chef de la police.

OLIBRIUS.

Monsieur le baron sort d'ici à l'instant même, et ce n'est pas le maître de ballets de la cour qui voudrait recéler l'ombre d'un malfaiteur.

LE CHEF.

Nous nous sommes trompés de porte. (Aux soldats.) Mi-tour! gauche! par file à droite, marche!

CHŒUR.

Cherchons le coupable, etc.
(Les soldats sortent.)

* Pochette, Biribi, Célénie.

** Le chef, Olibrius, Biribi, Célénie.

SCÈNE XI.

BIRIBI, CÉLÉNIE, OLIBRIUS. *

OLIBRIUS.

Conçois-tu, ma fille... et toi, Pochette!...

BIRIBI.

Bonjour, mon oncle... Ça va bien?... et vous?

OLIBRIUS, stupéfait.

Bi...

BIRIBI.

Ribi... lui-même, en pied... de grandeur naturelle.

OLIBRIUS.

Malheureux! que viens-tu faire ici?

BIRIBI.

L'amour.

OLIBRIUS.

A ma barbe?...

BIRIBI.

Fi donc!

OLIBRIUS.

Je t'ai défendu ma porte!

BIRIBI.

Aussi rentré-je par la fenêtre.

OLIBRIUS.

Et tu crois que je souffrirai... que je tolérerai...

CÉLÉNIE.

Allons donc, mon petit papa, ne faites pas le méchant... comme si vous l'étiez.

OLIBRIUS.

Mais, d'où viens-tu, vagabond?

BIRIBI.

Vous le saurez... Je vous dois un narré fidèle de mes caravanes... J'ai fait mille lieues depuis un an... et je suis abruti comme le juif errant... J'en sue... Vous savez que j'ai toujours été farceur, coureur, bambocheur et loupeur?...

OLIBRIUS.

Vas-tu en dire pendant une heure?

BIRIBI.

A peine au sortir de l'enfance...

OLIBRIUS.

C'est comme si tu chantais.

BIRIBI.

La danse devint mon unique passion... Non la danse jobarde et rococote telle que vous la pratiquez... mais la danse folle, gigotante, échevelée... Elle m'attira des désagrémens dans ma belle patrie : je sautai le Pas-de-Calais; mais, dans la perfide Albion, la gigue m'attendait avec accompagnement de boxe!... N'aimant point les coups de poing, je m'élançai vers un autre point du globe; vers la Péninsule, l'antique Ibérie, où je me pré-

* Biribi, Olibrius, Célénie.

sentai comme un réfugié polkiste... Mais les descendans du Cid assaisonnent les fandangos et les boléros de combats de taureaux : un polkiste n'est point un tauréador. Je passai en Allemagne, et valsant à travers une légion de plats de choucroûte, j'arrivai, comme une flèche, sur les montagnes de Guillaume Tell, et je tombai sur Berne où l'on n'estime que la danse des ours !... Fi ! moi confondu avec des quadrupèdes suisses. Je m'aperçus que je maigrissais, et je trottai légèrement vers la Grèce. Je vis bientôt que le pays d'Hélène jetait un mauvais coton, et je filai. J'arrivai enfin en Valachie; hier, au débotté, j'entre dans un casino; on dansait à la turque, je fignole les pas les plus pittoresques... Les Valachiens, les Valachiennes, et leurs petits aboient après moi... Je n'ai eu que le temps de faire un jeté-battu, deux coulés, et lorsque je saute ici par la fenêtre, vous voulez me faire faire un chassé-croisé ! à moi ? tandis que... Ah !... Quoique détrôné, est-ce ainsi que l'on traite le roi de la polka?...

OLIBRIUS.

Comment ! affreux turbateur ! c'était encore toi ?

BIRIBI.

Toujours moi... On n'a pas fait impunément les beaux jours de Mabille, avec Crême-de-Beurre, dite la reine de Saba...

OLIBRIUS.

Et tu viens sans doute me demander...

BIRIBI.

Peu de chose... moins que rien... le couvert, le vivre, l'éclairage, le chauffage, le blanchissage, l'engraissage, et, par dessus le marché, la main de votre géniture, qui fera avec moi cet avant-deux décoré du titre d'hyménée... Voillà !

OLIBRIUS, se croisant les bras.

Ah ça ! parole d'honneur, je me trouve surnaturel... Comment ! depuis une heure j'écoute ce funambule... et je ne lui ai pas donné un renfoncement quelconque !.. (Appelant.) Pochette !

CÉLÉNIE.

Mais, mon père...

OLIBRIUS.

Tais-toi !... (Appelant plus fort.) Pochette !*

POCHETTE, dans le buffet.

Qui est-ce qui appelle?

OLIBRIUS.

Où diable es-tu ?

POCHETTE.

Dans le buffet.

OLIBRIUS, lui ouvrant ?...

Que faisais-tu là? drôle !

POCHETTE, sortant de l'armoire et bâillant.

Ma foi ! je dormais.*

* Olibrius, Biribi, Célénie.
** Olibrius, Pochette, Biribi, Célénie.

OLIBRIUS.

Avance ici, Pochette, et fais-moi le plaisir de dévisager monsieur.

POCHETTE.

Merci... il est trop laid !

BIRIBI.

Attends... je vais te dévisager, moi !

(Il lui donne un coup de pied.)

POCHETTE.

Oh !...

OLIBRIUS.

Ne te laisse toucher ni par ses prières, ni par ses larmes, et flanque-moi à la porte, plus vite que ça, cet indigne rejeton de ma sœur, qui déshonore ma souche !

POCHETTE.

Tiens ! ce serait...

OLIBRIUS.

Quant à moi, je vais promener ma mélancolie çà et là, et tâcher de rencontrer quelqu'un qui sache... ce que tu sais... que je ne sais pas.*

BIRIBI.

Mon oncle... donnez-moi au moins quelque chose !

OLIBRIUS.

C'est juste... Je te donne ma malédiction !

BIRIBI.

Ajoutez-y cinq francs.

OLIBRIUS.

Intrigant !... Suis-moi, ma fille, et passe devant... (Il sort avec Célénie.)

BIRIBI.

Ah ! grigou d'oncle !

OLIBRIUS, reparaissant à la porte.

Tu sais que je t'ai donné ma malédiction?...

(Il disparaît.)

BIRIBI.

Bien obligé !... je n'en use pas.

SCÈNE XII.

BIRIBI, POCHETTE.**

POCHETTE.

Maintenant, décampez sans trompette ni cornet à piston.

BIRIBI, marchant avec agitation.

Et pas un sequin... pas un thaler... pas une roupie... pas une faible pièce de cinquante centimes !

POCHETTE.

Avez-vous bientôt fini votre compte courant ?... Sortez !

BIRIBI.

Dire que mon gousset est un corps sans âme, une chose fantastique !

* Pochette, Olibrius, Biribi, Célénie.
** Pochette, Biribi.

SCÈNE XIII.

LES MÊMES, plusieurs DOMESTIQUES, apportant des lettres et des bourses.

LES DOMESTIQUES.

AIR du Puits d'Amour.

C'est de la part de ma maîtresse,
Prenez, monsieur, prenez cela...
Il faut, il faut que l'on s'empresse
De lui montrer la mazourka.

BIRIBI, parlé.

La mazourka... qui est-ce qui demande la mazourka?

LES DOMESTIQUES, chantant.

On veut, monsieur, payer d'avance...

UN AUTRE.

Prenez cet or...

UN AUTRE.

Sans balancer.

BIRIBI, prenant l'argent et les lettres.

Florins, sequins, quelle abondance!
Parbleu! je les ferai danser.

POCHETTE, parlé.

Comment! vous prenez l'argent?

BIRIBI, de même.

Tais-toi ou gare le buffet!

(Il chante.)

Allez dire à votre maîtresse
Qu'à son ordre on obéira,
Qu'aujourd'hui, grâce à mon adresse,
Elle apprendra la mazourka.

ENSEMBLE.

LES DOMESTIQUES.

Oui, je cours dire à ma maîtresse
Qu'à son ordre on obéira,
Qu'aujourd'hui, grâce à votre adresse,
Elle apprendra
La mazourka.

BIRIBI.

Allez dire, etc.

(Ils sortent.)

SCÈNE XIV.

BIRIBI, POCHETTE.*

BIRIBI.

Maintenant, partageons... à toi cela... (Il lui donne les lettres.) A moi ceci. (Il met les bourses dans sa poche.) Je suis lesté.

* Pochette, Biribi.

BIRIBI.

POCHETTE.

Comment! monsieur, vous avez l'effronterie!...

BIRIBI, apercevant la baronne, qui paraît au fond.

Une cliente, déjà!... (A Pochette.) Va-t'en!

POCHETTE.

Plus souvent!

BIRIBI.

Veux-tu bien sortir! et promptement!

(Il le pousse.)

POCHETTE, sortant par la gauche.

Décidément, ce saltimbanque en est un!

SCÈNE XV.

BIRIBI, LA BARONNE,* voilée et enveloppée d'une mante.

BIRIBI.

Une dame voilée... Ne nous dévoilons pas d'abord. (Il salue.) Elle est bien ficelée!

LA BARONNE.

Est-ce que M. Olibrius n'est pas ici?

BIRIBI.

Pas pour le quart d'heure, madame.

LA BARONNE.

Diable! c'est jugulant!

BIRIBI, un peu surpris.

Mais je le remplace, madame... (A part.) C'est une femme de la haute, bien sûr.

LA BARONNE.

Au fait, puisque vous le remplacez, je puis vous dire de quoi il retourne... Je suis la baronne Marforio.

BIRIBI, à part.

Une baronne!... c'est du chenu!

LA BARONNE.

J'ai profité d'un moment où mon mari est occupé à donner des ordres pour faire knouter un polisson qui s'est permis de cancanner en public.

BIRIBI, l'examinant avec plus d'étonnement.

Cancanner!... (A part.) Ça me regarde.

LA BARONNE.

Je ne serais pas fâchée de voir knouter... Où knoute-t-on?... on dit que c'est très cocasse.

BIRIBI, à part.

Merci!

LA BARONNE.

Et puis, je suis pressée... car mon mari est excessivement jaloux, et, s'il s'apercevait de mon absence, je serais dans une fichue passe!

BIRIBI, à part.

Oh! fichue passe!... une baronne!... La noblesse de Valachie a des locutions un peu chocnosophes!

* Biribi, la baronne.

LA BARONNE.

Je le connais, le vieux grigou !...il ferait un sabbat sterling !

BIRIBI.

Oh ! sterling !

LA BARONNE.

Ainsi, donnez-moi tout de suite ma leçon de mazourka.

(Elle se débarrasse de sa mante, qu'elle pose à droite.)

BIRIBI.

Ah ça ! un moment... un moment... ce langage... cette taille... ces manières... cette voix !...

LA BARONNE, le regardant plus attentivement

Au fait, la vôtre... cette figure en casse-noisette !... (Elle lève son voile.)

BIRIBI, la reconnaissant.

Crême-de-Beurre !

LA BARONNE.

Biribi !

BIRIBI, s'approchant d'elle.

C'est toi, mon rat !...

LA BARONNE, le repoussant, avec dignité.

Monsieur !... je ne vous connais pas !

BIRIBI.

Oh ! que c'est mauvais !... Crême-de-Beurre ! la reine de Saba, qui méconnaît Biribi, son polkiste favori !... Plus que ça de monnaie !... Excusez !... En avant le trombone !... Koin ! koin ! koin !...

LA BARONNE.

Mais, animal ! tu veux donc me compromettre?

BIRIBI.

A la bonne heure !... suffit de s'entendre... C'est égal... en voilà une de rencontre invraisemblable !...

LA BARONNE.

Pourquoi donc?... Est-ce qu'il est défendu de voyager ?

BIRIBI.

Eh quoi ! Crême-de-Beurre, la reine de Saba a quitté le royaume de Mabille pour se faire simple baronne dans un local moitié turc, moitié russe et aux trois quarts tartare ?... où il ne pousse ni cigares, ni grog, ni étudians, ni polkasses, ni tout ce qui embellit la vie d'une jeunesse orageuse et fringante ! Plus que ça de monnaie !... Koin ! koin ! koin ! toujours le trombone !

LA BARONNE.

C'est comme ça, mon cher... Un jour de terme, un huit avril, après des jours gras qui avaient considérablement maigri ma bourse, mon cancre de propriétaire me donna congé... et, faute de numéraire, le mobilier lui resta... Je m'en moquais, il appartenait au tapissier... J'avais fait la connaissance d'un capitaine de vaisseau, qui me proposa de m'emmener gratis en Chine pour donner des leçons de polka aux magots... Je m'embarqua...

BIRIBI.

Bon ! il n'y avait pas de quai ?

LA BARONNE.

Mais, une fois en pleine mer, le second du bâtiment, un très joli garçon, m'apprit que mon capitaine était une canaille qui faisait la traite...

BIRIBI.

Des noirs ?

LA BARONNE.

Non... des blanches... il me conduisait droit en Turquie !

BIRIBI.

Pour faire de toi une sultane favorite ?... Ce n'est déjà pas si gnole.

LA BARONNE.

Le ciel se chargea de ma vengeance... Après une tempête magnifique, et mille traverses dont je t'épargnerai le détail, j'arrivai dans ce pays, complétement raffalée...

BIRIBI.

Comme moi... Quelle sympathie !

LA BARONNE.

Un heureux z'hasard... (Mouvement de Biribi.) fit trouver sur mon chemin le baron Marforio... homme très laid, mais, en revanche, fort bête, à qui je conta...

BIRIBI.

Bon ! il n'y avait pas de *tai !*

LA BARONNE.

A qui je conta tout ce qu'il voulut, et il crut tout ce que je lui conta...

BIRIBI.

Décidément le *tai* manquait.

LA BARONNE.

Tu sais le reste.

BIRIBI.

Tes contes t'ont faite baronne... En voilà une chance !... Faut que je t'embrasse !

LA BARONNE.

Tant pis ! je veux bien ! (Il l'embrasse.)

ENSEMBLE.

AIR : de Pâques fleurie. (Bosisio.)

Ta présence me rappelle
Les jolis bals de Paris,
La chaîne, la pastourelle,
Et la poule et la trénis !

BIRIBI.

Te souviens-tu, chez Mabille,
A la Chaumière, au Prado,
Comme je semblais agile ?...

LA BARONNE.

Que mon entrain était beau !

ENSEMBLE.

Ta présence, me rappelle, etc.

LA BARONNE.

Aux inspecteurs faisant niche,
Dans notre joyeux élan,
Je galopais comme un' biche...

BIRIBI.

J' m'enl'vais comme un cerf-volant !

ENSEMBLE, dansant.

Ta présence, me rappelle, etc.

LA BARONNE.

Mais où m'entraînent mes souvenirs!... j'oublie que ma position aristocratique ne me permet plus ces danses folichonnes!

BIRIBI.

Hélas!

LA BARONNE.

Ah ça! je t'ai tout dit, tout avoué, tout conté... tu seras discret...

BIRIBI.

A charge de revanche, madame la baronne... Pour empêcher qu'on me mette à l'ombre, vous me couvrirez de votre protection,... vous me priverez du knout que je méprise, et de la bastonnade que je porte sur mes épaules... De plus, vous me raccommoderez avec mon Olibrius d'oncle, et vous donnerez une dot à Célénie, ma cousine, afin que je l'épouse.

LA BARONNE.

Ah ça! c'est bel et bon... Mais je suis venue pour apprendre la mazourka...

BIRIBI.

Madame la baronne, personne ne la dansera avant vous.

LA BARONNE.

Mais, comment?

BIRIBI.

Vous le saurez tout à l'heure... Mais jurez, ou je vous démonétise!

LA BARONNE.

Je le jure... sur la tête de mon mari.

BIRIBI.

Quel serment biscornu!... N'importe, je l'enregistre.

AIR : Du repos la cloche a sonné. (Ogresse.)

Confiez-vous à mon esprit,
Et suivez-moi bien vite!
Si chacun fait ce qu'on lui dit,
Oui, mon plan réussit!

OLIBRIUS, en dehors.

Laissez-moi!...

BIRIBI.

Ciel! mon oncle!
Confiez-vous à mon esprit, etc.

LA BARONNE.

Confions-nous à son esprit,
Et suivons-le bien vite!
Sans savoir ce dont il s'agit,
Chacun vous obéit.

(Ils sortent à droite.)

SCÈNE XVI.

OLIBRIUS, très pâle, entre par le fond, d'un air égaré.

Le spectre de la mazourka me traque et me détraque la cervelle!... Je le vois à tous les coins de rue sous la forme hideuse de mon neveu Biribi, qui me fait de scandaleux pieds de nez!... Mazourka! que veux-tu?... et pas un imbécile en Valachie qui sache ce que c'est!... Je serai donc forcé d'avouer devant toute la cour mon ignorance profonde!... de subir la dégradation et la bastonnade qui me menacent!

AIR: Nos maris en Palestine.

Quelle lugubre aventure!
Et quel affront
Pour mon front!
D'ici, je vois la figure
Que, ce soir, les princ's feront...
Jamais ils ne m' pardonn'ront!
Si, trompant leur espérance,
Je n' leur sers pas d' mazourkas,
De moi c'en est fait, hélas!
Ils me f'ront danser une danse,
Qu'à ma classe on n'enseign' pas!

SCÈNE XVII.

OLIBRIUS, LE BARON. *

LE BARON, d'une voix sombre.

Olibrius! Olibrius!... Je suis poursuivi par le démon de la jalousie!... Il fait voltiger autour de moi les visions les plus saugrenues... (Il aperçoit Olibrius et jette un cri.) Ah!...

OLIBRIUS effrayé.

Oh!...

LE BARON.

Olibrius!...

OLIBRIUS.

Monsieur le baron!...

LE BARON.

Avez-vous vu mon épouse?

OLIBRIUS.

Oui.

LE BARON.

Quand?

OLIBRIUS.

Ce matin.

LE BARON.

Et depuis?

OLIBRIUS.

Non.

LE BARON.

Non?...

OLIBRIUS.

Non.

LE BARON.

Vous mentez!

OLIBRIUS.

Hein?

LE BARON.

Mes estafiers l'ont suivie... elle est entrée dans votre maison, où se trouvait déjà un vagabond que vous recélez...

* Le baron, Olibrius.

OLIBRIUS.

Laissez-moi donc tranquille!... Quand je vous dis qu'il n'est entré ici personne de féminin!

LE BARON, voyant la mante de sa femme, à droite, et y allant.

Et tu ne veux pas que je croie que tu mentes?...* A qui donc est cette mante?... Elle avait rendez-vous ici!

OLIBRIUS.

C'est faux!

LE BARON.

Vieux misérable!... tu fais un joli métier!... Il faut que je te châtie!... Rends-moi ma femme, que tu me dérobes... Ma femme ou la mort!

(Il fait le geste de tirer son épée.)

OLIBRIUS.

Ne dégainez pas, ou je fais un malheur!

(Ritournelle du chœur suivant.)

LE BARON.

Quel est ce bruit?

OLIBRIUS, au fond.

Ah! mon Dieu! quelle foule! Que veulent tous ces gens-là?

SCÈNE XVIII.

LES MÊMES, SEIGNEURS et DAMES DE LA COUR.*

CHŒUR.

AIR :

Nous accourons tous, point de paresse,
Il faut, il faut que l'on s'empresse...
Vous êtes payé pour cela,
Enseignez-nous la mazourka.

OLIBRIUS.

La mazourka!... c'est le dernier coup!

UNE DAME.

Vous avez promis de me donner leçon!...

TOUS.

A moi aussi!... à moi aussi!...

OLIBRIUS.

Je n'ai rien promis!

UN SEIGNEUR.

Vous avez reçu mon argent!...

TOUS.

Et le mien!... et le mien!...

OLIBRIUS.

Je n'ai rien reçu!

LE BARON.

Ces messieurs et ces dames sont plus croyables que toi!... Rends l'argent, vieil imposteur!... ou je te fais jeter dans un trou de basse-fosse!

TOUS.

Oui! oui!

OLIBRIUS.

Comment me tirer de là?... Qui donc viendra à mon secours?...

* Olibrius, le baron.

SCÈNE XIX.

LES MÊMES, BIRIBI, POCHETTE, LA BARONNE et CÉLÉNIE, tous quatre costumés en Polonais.*

BIRIBI.

Moi!

LA BARONNE.

Et moi!

LE BARON.

Mon épouse!

LA BARONNE.

Qui se dispose à briller ce soir, avec vous, au bal de la cour.

LE BARON.

Ah! Rose, que de pardons!...

BIRIBI.

Silence!... ouvrez les yeux, dressez les oreilles... je vous apporte la véritable mazourka, née native des bords de la Vistule.

TOUS.

La mazourka!

OLIBRIUS.

Je suis sauvé!

BIRIBI.

Et vous allez voir, mon petit nononcle, que votre élève vous fera honneur!.. Je ne vous demande, pour récompense, que la main de ma cousine avec une forte dot. (Bas.) Et, si vous me refusez, je vends la mèche.

OLIBRIUS.

Ce mot m'éclaire!... Sois heureux, mon neveu!

BIRIBI.

En place, mon quadrille! et viva la mazourka!

TOUS.

Viva la mazourka!

(Mazourka, dansée par Biribi, la baronne, Pochette et Célénie.)

OLIBRIUS, après la danse.

Charmant! délicieux!

LE BARON.

Sublime! admirable!

OLIBRIUS.

Biribi, ma nièce est à toi!

LE BARON.

Rendons-nous au palais, et répétons ensemble : Viva la mazourka!

TOUS.

Viva la mazourka!

CHŒUR FINAL.

AIR précédent du Puits d'Amour.

Ah! dans ce jour plein d'allégresse,
Crions bravo! bravi! brava!
Auprès de vous, chacun s'empresse,
Enseignez-nous la mazourka!

* Le baron, la baronne, Biribi, Célénie, Pochette, Olibrius.

FIN DE BIRIBI LE MAZOURKISTE.

Paris. — Imprimerie de BOULÉ et Ce, rue Coq-Héron, 3.

Paris. — Imprimerie de BOULÉ et Ce, rue Coq-Héron, 3.

www.ingramcontent.com/pod-product-compliance
Lightning Source LLC
LaVergne TN
LVHW010331230826
846091LV00009B/3821
9782011905284